I0149872

© Z4 Editions
© Illustrations SERGE LAPEYRE
ISBN : 978-2-490-59507-5

Quoi de plus délicieux
que l'eau rougie du temps ?

FRANÇOISE LALANDE

Quoi de plus délicieux
que l'eau rougie du temps ?

Illustrations SERGE LAPEYRE

# Portraits
# et paysages

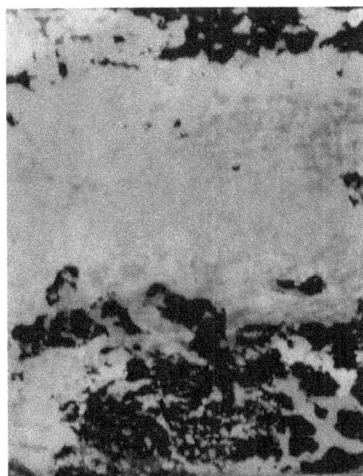

## *Chambre sur Rue*

L'homme se trouvait en enfer. Les persiennes laissaient filer des zébrures de lumière qui dessinaient l'abat-jour, il se rappelait que les lettres contenues dans les boîtes qui étaient rangées bien sagement dans sa bibliothèque avaient formé des mots, des mots qui voulaient dire quelque chose, il ne se rappelait plus quoi au juste, jusqu'à ce que l'une d'entre elles s'échappe, suivie par une ribambelle d'autres, et commence à jacasser.

– Je suis une lettre, et pas un chiffre, je n'existe pas seule, j'ai besoin de toi, cette autre.

– J'en suis une autre, et à nous deux, à nous trois, nous allons agglomérater, nous le pouvons.

– Et alors, subséquemment, conséquemment, nous allons désidérater, tellement, infiniment.

– Il y aura plusieurs manières : empathique, anecdotique, hypothétique.

– Et alors nous, les chiffres...

C'était la révolution dans sa chambre. L'ordre débordait, les lettres se déchaînaient, des mots apparaissaient, se confondaient, valsaient, le chachacha, le balada. I-khhha ! Ca swinguait dans sa chambre. Les chiffres poussaient des cris d'effroi et se plaignaient. Une pile s'écroulait puis reprenait son souffle, et tout se sarabandait de plus belle.

De leur alphabet, libres, les lettres se sauvaient. Libres, elles folledinguaient, et les mots prenaient corps, mais d'autres corps, qu'il pouvait presque toucher, les mots lui inventaient une autre histoire. Une histoire de ciel et de terre. Et c'était tant mieux, parce que, dans sa chambre, avec le soleil qui maintenant inondait les lettres et qui étirait leurs ombres qui dansaient, l'homme se sentait plus fort. Fatigué, mais plus fort.

## Jarnac, le coup

Cela se passa très simplement, un soir vers vingt heures. Il est difficile de savoir exactement comment le fait arriva, mais il se trouve qu'en me regardant dans une glace, ce que je vis me glaça d'appréhension.

J'étais devenu un processus, une énigme mathématique, deux plans parallèles, et tout ce qui était vrai n'était pas faux. J'avais sous les yeux une échelle de mesure, une géométrie variable.

Je cherchais le sens, je cherchais le lien. Je compris que le soir, je voudrais dire, et que le lendemain matin, je pourrais seulement dire, et que j'étais ainsi à moi toute seule une météo folklorique.

Je me trouvais soudain, dans la glace, co-productive et coo-pérative sociale et solidaire de ma propre personne. Il me semblait que tout se résumait en une lutte contre moi-même, une lutte contre le vide peuplé de mes soirs, en révolution constante avec mes possibilités infinies du matin.

Et vers vingt heures, alors que je me regardais, je compris que, entre pétrification et fluidité, entre pluie et soleil, entre passé et présent, je resterais toujours le cul entre deux chaises,

et que,

décidément, si le lever de rideau était haut en couleurs, le coup de théâtre serait probablement de savoir briser de façon révolutionnaire le miroir de mes songes et d'en jeter les morceaux éclatés dans la benne à ordures au pied de mon immeuble.

# Renversant !

Lorsqu'il lui arriva cette histoire de plongeon qui, du jour au lendemain, bouleversa son existence, Hippolyte Brancusi allait avoir trente ans.

Il était parti un samedi de Dévers en Flandre avec son canard gonflable et une valise en carton. La veille, il avait soigneusement plié ses affaires, rangé la photo de sa maman et mis par-dessus le maillot de bain en laine rouge pétard tricoté par les soins de la susdite, qui s'appelait Anémone, ou peut-être bien Violette.

Arrivé à la mer, il avait pris possession de sa chambre d'hôtel, déplié ses affaires, dérangé la photo d'Anémone, ou peut-être bien Violette, enlevé son costume, enfilé son maillot. Il s'était regardé dans la glace. Ce qu'il voyait était scandaleusement ridicule. En trois dimensions, le maillot faisait ressortir son teint pâle, se prolongeait en haut par un buste maigrichon surmonté d'un long cou, se prolongeait en bas par deux échasses piquetées de poils roux.

Mais comme Hippolyte Brancusi, à la veille de ses trente ans, était venu à la mer pour quelque chose, il se demandait maintenant bien quoi, il sortit, son canard gonflable dans les bras.

Il grimpa tout en haut du rocher qui surplombait la mer en sifflotant pour se donner du courage. Etait-ce bien raisonnable de se retrouver à l'opposé exact de son tempérament, pensait-il, et c'était le genre de pensées qui pouvait, oui vraiment, faire basculer son existence d'un moment à l'autre. Il ferma les yeux en pensant à sa mère, il ne savait plus laquelle, et s'essaya mentalement au saut de l'ange, son canard à son cou.

Ce qui arriva, le lent mouvement de retournement, l'équilibre arrêté en plein vol, le chavirage en vrille dans l'eau profonde, le fit sortir de lui-même, comme si la vie pouvait recommencer. Mais de l'eau il fallait s'extraire, et c'est là que les choses se gâtèrent, parce que le maillot en laine rouge pesait une tonne avec le sel en plus, il grattait et avait tendance à tomber lamentablement. Il surmonta cependant son effroi de le perdre et affronta l'hilarité des vacanciers qui bronzaient sur la plage.

Non, il ne se découragea pas, Hippolyte Brancusi, il marcha bravement entre les serviettes, tenant le maillot d'une main, étranglant le canard de l'autre, et chantant la Marseillaise.

## Histoire de temps

J'avais pas envie d'avoir javais, ce qui m'aurait obligée à faire remonter les pages du calendrier d'avant en arrière, comme si le passé existait encore et qu'il n'était donc pas passé, ce qui m'aurait entraînée, oui vraiment, dans un paradoxe vertigineux à la vitesse de la lumière comme si j'étouffais un accordéon jusqu'au sanglot -long, et que sa mort s'ensuive.

J'avais envie au contraire que les pages tourbillonnent et s'envolent comme les feuilles de mon amélanchier à l'automne, les feuilles d'arrière en avant, les feuilles en mille morceaux de lumière.

J'avais pas envie d'imparfait.

J'avais envie de me situer au futur, et même à l'antérieur du futur, le nez bien enfoui sous la couette.

J'avais envie de quand j'aurai passé l'année, je serai mieux, je serai forcément mieux.
J'avais envie de quand j'aurai touché le fond, je serai libre, forcément plus libre.

J'avais envie de futur antérieur pour que les choses ne prennent pas trop d'importance, et que, d'arrière en avant, javais soit à jamais.

## Le thérapeute

Ça commence dans une salle d'attente. Il y a vous, il y a elle. Il ne sait rien d'eux, il les devine. Ils sont à la fois la lumière d'une rencontre, des lignes de fuite, un voyage qui bascule. Il ferme les yeux, il se souvient.

Vous étiez agité, chaviré.
Vous étiez. Vous fixiez du regard le poster d'une vague mourant sur la plage.
Vous mouriez.

À vos côtés, si proche et lointaine, elle semblait léviter. Seules ses mains battaient la mesure, une mesure saccadée, le tambour de la victoire, le bruit de la sentence sur les pavés mouillés.

Il les a fait entrer. Il a pensé à rajuster ses verres à double foyer, poser son stylo-plume, tourner et retourner la trace d'une alliance, se racler inconsidérément la gorge. Il les a écoutés. Il a dit :
- Bon.

Et qu'il faudrait changer de paradigme.
Et cette douleur, cette douleur au cœur...

Vous le regardiez avec étonnement. Vous aviez entendu ce mot barbare au cours de votre vie professionnelle, quand vous étiez sanglé en costume prévisible. Vous aviez dû sans doute le lire aussi dans la presse, souvent. Vous ne l'aviez pas compris. Il y avait le « -*gme* » qui vous avait gêné. Vous aviez déjà devant les yeux deux choix possibles :
La Générale Médicale Engagée ?
   ✓ Lisez !
   ✓ Souscrivez !
Le Groupement Miraculeux Economique ?
   ✓ Vivez !
   ✓ Rompez !
Des choix qui n'en étaient pas, puisque vous étiez là, assis au bord de votre chaise, assis au bord du vide.

Elle, elle pensait au paradis, et le « -*gme* » lui importait peu. Elle pensait aux oiseaux migrateurs, aux vents de liberté. Elle nageait déjà dans le bonheur avec cette certitude que tout serait mieux, serait forcément mieux. Elle était une herbe dans le vent, un nuage dans le ciel, elle était légère et cruelle. Le paradigme, cela lui allait bien.

Alors, il a rajusté ses lunettes avec la certitude écarlate que tout était juste dans le meilleur des mondes, qu'il allait ce soir retrouver son chat, son journal et le coin carré de son feu avec la satisfaction du devoir accompli, et que

Crévindiou,
la vie était trop incertaine et trop aléatoire, et qu'il ne restait vraiment que le temps.

## *Ataraxia*

Je ne connais pas de mot plus équivoque que le silence. Plus diabolique.

Le silence ouvre l'horizon et construit des murs.

Murs de sel, qui rongent.
Algues marines.
Sources taries qui suintent. J'ai froid.
Et ta mort qui dure.
Tintamarres. Vertige.
Ciel lointain, ciel plombé.
Inlassablement je t'aime.

Peut-être qu'au matin je reprendrai pied.
L'habitude me mènera à la cuisine, je me ferai un café. Sources vives, impromptus.
Le chèvrefeuille sur la treille m'entraînera en arabesque à perte de ciel.
Nous partagerons des confidences, les enfants, nos animaux.
Le perron sera chaud et tendre.

Je tremblerai de t'avoir déjà oublié. J'aurai l'impression de revenir de loin.
Faiseur de gouttes de pluie, j'apprivoiserai le silence, je l'écrirai. Il me portera vers des jardins de clématites et de frangipaniers.

Ce sera doux et je n'en finirai pas de t'aimer.

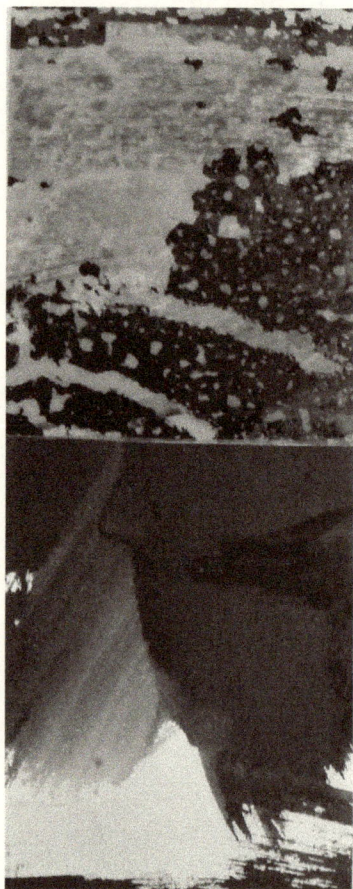

## Variable invariable

Il aimait les tartes,
Il aimait les tourtes,
Les gnocchis, le coulis,
Les bonbons, le jambon,
Il était rond comme un ballon.

Son père est pâtissier, sa mère psychiatre.

A 20 ans, pris par un sentiment d'urgence, il quitte la maison pour honorer son nom. La faille, il la veut profonde et impliquée.
Il commence par errer, puis dormir dans un square. Il se sent conquérant, il a un peu froid, son ventre est un peu creux. La tête lui tourne, il rentre à la maison. Ses parents le fêtent, il se sent un héros.
Pourtant, en y réfléchissant longtemps dans son miroir tout rond, il n'est pas très fier de cet acte manqué.

A 35 ans, il décide de vraiment larguer les amarres. Il vit de petits métiers, il loge tout profond dans une cave, ce qui est rassurant.

Un jour qu'il se promène, il rencontre une dame à la lune de miel. Il lui dit qu'elle est belle. Elle ne le voit même pas, il est très fâché, il veut crier partout. Ce même soir, il rencontre un ministre plénipotentiaire. « *Je vous connais, Monsieur. N'étiez-vous pas…* ». Il se sent regardé comme s'il était absolument totalement transparent. Il perd de son épaisseur. Il verse une larme.

A 40 ans, il a perdu son job et n'a rien à manger. Mû par un sentiment d'urgence, il se dit qu'il va écrire le roman de sa vie. Une vie pleine, une vie riche. Il va avoir les honneurs de la presse. Le Renaudot, peut-être.
Il sort son Bic, mais rien ne vient.
Demain, peut-être…

A 50 ans, dans un dernier sursaut, il prend le train pour Plainpalais. Il se perd en conjectures. Il accoste la contrôleuse. Elle s'appelle Bérésina. Il lui paye un chocolat chaud et lui fait des avances.
Elle se met à rire, mais à rire… Il est subliminé d'amour. Jusqu'à ce qu'il se rende compte que, justement, elle se moque, de lui.

Bouillant de rage, il se met à fondre. Le cœur d'abord, ce qui fait un sacré vide au fond de lui.
Il n'est plus qu'une parenthèse, un accessoire. Il ne se retrouve plus dans ce monde qui l'entoure.
IL EST UN TROU BEANT.

Il a bien réussi, Lafaille.
Il a gagné.
Il peut mourir heureux,

A 97 ans.

## *Temps d'arrêt*

C'est un de ces soirs comme ça où tout est emmêlé un peu plus de souffrance un peu plus d'angoisse la tête qui se perd pour un monde de stabilité dangereux forcené on l'enferme derrière des grilles il dit c'est la vérité quand on laisse le temps s'approcher d'assez près Monsieur vous délirez en cage sous clé ça crie ça hurle ça sent il dit encore laissez-moi vivre

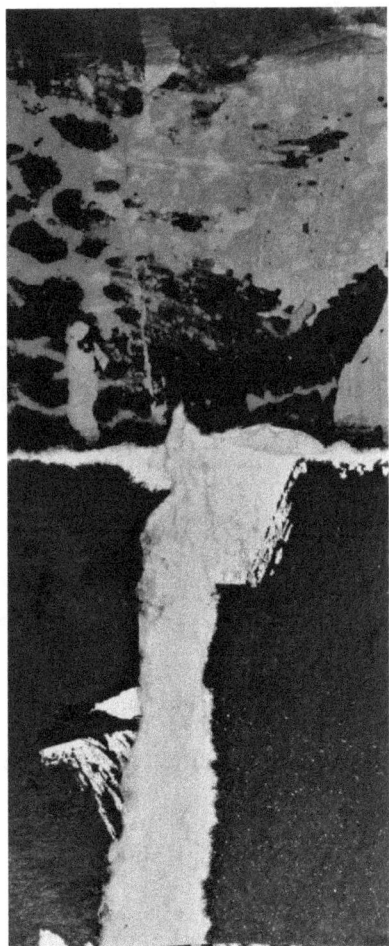

## La ville en devenir sans fin

Anna dessine sur le sable la ville des débuts, celle qui tient dans un cercle. Elle l'appelle Annalfa. Annalfa part d'un rien, elle contient tous les mots. Tout va commencer à partir de ce rien. Anna est la maîtresse du monde. De ses outils de géomètre, elle fonde, elle monte, elle joint, elle va ici et là.

Anna pense la ville, et la ville s'organise, une artère, un carré, des niveaux, des jardins. La ville se pare de fioritures, de lumières disparates. Elle se compose, s'asphyxie, bientôt dégorge. Annalfa se métamorphose, s'anamorphose, se décompose, devient Décoréa. La bien nommée, la surfaite, l'indubitable Décoréa, toute d'or vêtue, se met à accabler Anna d'un rien de trop.

Anna la douce convoque son grand chambellan. Palabre, distord, questionne, invoque Roland à Roncevaux, Jeanne d'Arc, Saint-François d'Assise, l'éboueur du coin et la couturière. Frondéni ! Aux armes, citoyens ! La révolution est en marche. On coupe, on taille, on tue, on jette. On rebaptise la dite Décoréa, indigne fille d'Annalfa, en Frondénia.

Les Frondéniens attendront bien encore un peu Omégatroie, et s'ils avaient su, ils n'auraient pas venu.

## Pour de faux

Allongée sur son petit ventre, bien au chaud,
Elle faisait une bulle de savon,
Toute ronde et irisée,
Volant au vent d'été.

Elle y vit sa maison
Là-dedans.
Un couloir et deux pièces,
Et au bout la cuisine
Et en haut les trois chambres
Là derrière le jardin de curé, amarré
Et après un champ jaune
Bruissant au vent d'été.

La maison-bulle se gonfla, s'étira,
Puis éclata.
Il en resta au sol un petit rien mouillé.
Du haut de ses trois pommes
Dessus elle crachouilla un chouia.
Prit une inspiration.
Fit cent bulles, bientôt mille

Cent maisons, mille maisons
Dansant au vent d'été.

Cent possibles, mille possibles
Au hasard des chemins
Où se couler, se cacher, inventer
Cent mondes, mille mondes
Au hasard de la vie
Au hasard du temps
Naviguant en été.

## *Kaléidoscope*

Schwoof, schwoof, faisait le balai qui battait la mesure sur la neige avec un bruit ouaté, guidé par une forme indécise.

Une maison déménageait dans la chaleur silencieuse, ce qui n'étonnait pas vraiment Lulu et Liline qui en avaient vu d'autres.

Eux cassaient la croûte, disaient tout et son contraire, et rien ne donnait plus de sens.

Un enfant écoutait la mer. Elle emplissait l'oreille, les lames s'avançaient dans un calme terrifiant, se recourbaient en voûtes marines et trompeuses, pour se briser avec fracas et éclabousser d'écume le sable. L'enfant était à l'origine des temps.

Dans une perspective saisissante, un homme solitaire et pressé s'éloignait d'un arbre solitaire et glorieux, ou peut-être était-ce l'arbre qui se rapprochait, rendant l'espace délavé curieusement élastique, à la manière d'un travelling de cinéma.

Tout changeait, mais tout était pareil. Personne ne soupçonnait ce qui pouvait venir. Des hommes, des femmes et des enfants, agités à l'infini dans un cadre fini, se montraient tout à la fois identiques et différents.

Pour mon plus grand bonheur de faiseur de miracles, je tirais d'un chapeau ces petits bouts de choses et je me racontais des histoires. Il s'agissait surtout du temps, mais aussi de la solitude, de la joie, de la dignité, de l'absurde.

Il s'agissait surtout de demeurer vivant.

## *Vanité*

Dans la véranda luxuriante,

la belle jeune fille essayait sa robe de bal en pensant qu'un jour peut-être. Le jasmin sentait fort et bon. Un enfant, à ses pieds, dont le regard se posait sur les plis craquelés de la robe -longue, entendait le taffetas crème crisser de bonheur.

L'enfant, à ses pieds, jouait avec le sable. De sa main gauche, il tenait un entonnoir, et de sa droite, il faisait couler le sable. Le sable glissait en murmurant et disparaissait dans le sable.

Je regardais longuement la jeune fille, le jasmin et l'enfant.

De retour, il m'est venu l'idée d'essayer pour voir. J'ai pris l'entonnoir, le sable a coulé. J'ai pris l'entonnoir, l'eau a coulé. Alors j'ai pris le temps, je l'ai plié dans l'entonnoir, et j'ai attendu. Je n'ai rien vu, rien entendu, rien senti.

Et pourtant, la vanité n'avait pas tort, je savais qu'il coulait le temps. Impatiemment. Je pouvais le toucher, le goûter. Il était riche de possibles, il avait la vie devant soi. C'était un compagnon fidèle, qu'il fallait apprivoiser, dé-laisser.

Alors, j'ai ouvert mon placard, j'ai sorti ma mini-jupe, rougi mes lèvres, et suis partie faire la folle sur la place de la Bastille, et danser, valser, dans les bras d'un Apache.

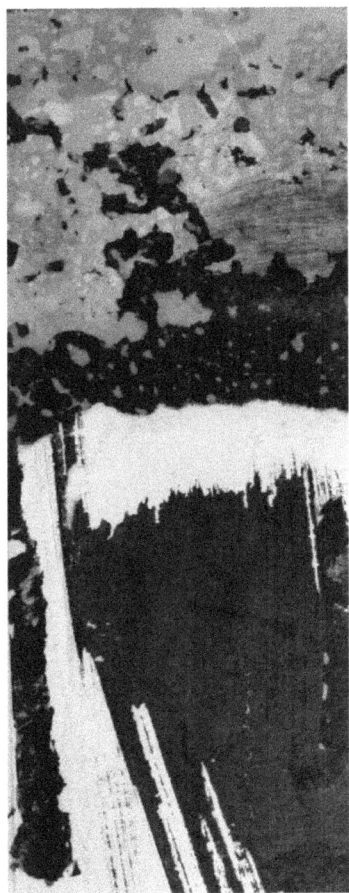

## Tous les désespoirs sont permis

Il avançait masqué, et une valse lente le conduisait vers Montretout-la-Divine, sa plage, sa mairie républicaine, et la fontaine au filet d'eau glissant dans la lumière solide et blanche.

*- Là où je suis, se disait-il, tout est encore possible, les regards, les désirs.*

Il allait, Pierrot le fou, jouer sa vie à la roulette, la russe, ou celle de Montretout-la-Divine.
... Quelle puissance, quelle magie, le pantin.

*- Là où je vais, je montrerai un autre visage, se disait-il, celui de l'autre justement, mon double.*
... Quelle étrange et pénétrante surprise, l'acrobate.

Il avait six ans, l'enfant, et aux cris de « *Faites vos jeux* », il mélangeait pieds et mains, têtes et troncs, sortis d'une boîte de Pandore délicatement parfumée.

… Quelle imagination, l'enfant, dans son palais de monstres.

Il avait trente ans, il avançait masqué vers Montretout, il savait cependant que sans doute, étant lui-même et seulement lui, il savait que la réalité des choses en marche le perdrait s'il n'y prenait garde, qu'il n'atteindrait peut-être même jamais Boulogne, sa place, sa mairie républicaine, et la statue du commandeur à l'épée glissant dans un ciel noir et cotonneux.

Alors, comme il fallait bien vivre, il sortit de sa poche un couteau. Identique et différent, clair et obscur, étant et n'étant plus.
… Quel vertige, l'amuseur, quelle divine torture.

Et à cet instant même, un enfant de six ans, tirant par derrière lui une boîte de Pandore…

## L'instante nouvelle

Pourquoi je me souviens de cette porte franchie, à travers laquelle je n'ai vu que ton regard d'à bientôt. Je n'ai vu que ton regard parmi tous les autres, familier et confiant.

Pourquoi je me souviens du décrochage de mon cœur en cet instant, mon cœur pourtant bien arrimé à ma poitrine, et du sentiment sur ma peau d'un danger.

Je me souviens de la maison de briques et de la véranda, et de ces moments doux dans ce pays si loin. Du frangipanier blanc. De l'herbe jaunie. De l'infini de la terre. De l'amour des hommes.

Je me souviens de la pluie attendue sur ma peau, et de la renaissance de ma peau sous la pluie.

Ça s'est passé après le ciel rempli d'étoiles, après que le ciel se fut couché sur la terre sèche et chaude, le ciel arrimé à la terre. Ça allait être une belle journée de temps fixe et beau. Je me souviens des gouttes de sueur qui perlaient. Je me souviens des chevaux.

Pourquoi en un instant la tache rouge qui coulait de ton front, et que la terre bienheureuse buvait ?

C'est pour cela que je ne peux dormir.

Je suis là, dans ce pays de nuages et d'orages, ce pays de mousses et de champignons, allongée sur mon lit dans ma maison de paille, avec le ciel d'après ces moments-là, le ciel écroulé sur la terre, et mes souvenirs fracassés tellement, en bouillie tellement, qu'il me semble que ce n'est pas moi qui ai pu vivre ça, que ça n'était qu'un songe, ton regard, le danger sur ma peau, l'immensité du ciel, le rouge de ton sang.

Pourtant, Camarades, l'éboulis se déblaie, les grilles s'ouvrent, le bleu du ciel se lit dans les ruines, la porte tiendra bon. Tout a si peu d'importance au regard du ciel et de la terre. Au regard des maisons de pierres. Au regard du temps.

Camarades.

# Paraphrénies
# et autres bizarreries

## Du pays de béton compensé

Le pays de béton compensé est un pays vertical à l'usage des hommes. Il s'articule autour d'une place et s'enroule en spirale à perte de vue. On l'appelle La Nébuleuse. Chacun y trouve son compte, et le territoire de chacun s'élargit proportionnellement à la dilatation de l'espace, de sorte qu'il faut toujours un peu plus de temps pour aller de son lit à la cuisine, et qu'on a ainsi l'impression d'avoir gagné sur le système bancaire l'achat de quelques mètres carrés.

Le pays de béton compensé est aussi fait de jardins suspendus, où tous cultivent avec bonheur un coin de campagne en rentrant du boulot. C'est bien pour le moral comme pour le physique. Ça évite de s'épuiser dans des training centers et de risquer une paralysie complète pour excès de rythme cardiaque invalidant.

Le cœur, justement, des hommes et des femmes du pays de béton compensé peut prendre tous les états. Solide, liquide, gazeux, il obéit aux lois de la constante de Pythagore, si bien décrites dans le manuel de Picsou. C'est très commode, et permet des fusions improbables assurant le devenir de l'humanité.

Pas de chômage au pays de béton compensé pour que l'ordre règne. Chacun trouvera chaussure à son goût. Dans le cas d'objets récalcitrants, un système de police rôdé aux cas difficiles saura botter du pied et en touche, ce qui fera plaisir aux footballeurs. Les services y sont bien représentés. La Poste, avec l'envoi du courrier aller et retour dans des tubes bleus ou rouges. Les ordures ménagères, et leurs tubes gris ou jaunes. Les transports, avec un système efficace de tapis roulants souterrains, qui serviraient d'ailleurs aussi à l'hôpital.

Librement comme le sang dans les veines.

Vous pourriez croire que le pays de béton compensé s'apparente à un régime totalitaire. Il n'en est rien. Le pays de béton compensé comporte aussi des vallées de tubéreuses, des eaux vives, des pierriers sauvages, des temps à venir, des mille et une nuits, des théâtres d'ombre et de lumière. Le soir pourrait bien tomber en morceaux, le jour pourrait se lever du pied gauche, les hommes du pays de béton compensé comprendraient qui est l'autre et feraient leur histoire.

Irrésistiblement comme un corps qui battrait.

Il y a par exemple Allegro et sa femme Cantabile qui, si tu connaissais leur secret, te feraient rougir de façon si démesurément grande que tu en aurais les larmes aux yeux. Ils habitent à moins 2 degrés Fahrenheit avec leur chien Médor, qui a succombé autrefois à la maladie de la vache folle et qui est empaillé au-dessus de la cuisinière à charbon.

Mais voilà, de rebondissement en rebondissement, on ne sait pas très bien au juste comment tout cela va tourner. Curieusement, cela les fait mourir de rire, dans leur pays de nébuleuse. Et toi qui regardes en jouant à pile ou face, tu es

per-plexe.

## *Cul-de-sac*

Moi, j'avais juste envie d'apprendre à conduire.

Dans le métro, un grand homme à boubou m'a approchée. Il m'a dit s'appeler *Réputation*, et qu'il était guérisseur. C'était un guérisseur moderne, avec adresse mail et tout, et ça m'a inspiré confiance. C'était un guérisseur national inter-sidéral, alors je voulais voir ce que j'allais voir.

Comme indiqué sur la carte, j'ai pris le bus 31 ou 60. Je me suis hâtée, plus vite, plus vite, j'ai monté deux à deux les quatre étages. Mon cœur battait démesurément, mon oreille bourdonnait et vertigeait la breloque, ma gorge se nouait et se soubresautait. Ca sentait le crapaud et la lessive.

Je pleure, j'ai peur. Je frappe à la porte. Mais d'un coup, je prends le large en dévalant deux à deux les quatre étages, plus vite, plus vite, et saute dans un taxi.

Allez expliquer pourquoi tout ce bazar pour ça, alors que moi, j'avais juste envie d'apprendre à conduire.

# À-pic

Devant la glace, il se fait beau. Tourne la tête à droite, à gauche et au milieu.
Chantonne une marche à 4 temps.
Avale une tasse de café avec 3 sucres.
Attrape son attaché-Cause.
Ferme la porte à double tour.
Descend une marche.
Il est dans la rue.

Il arrive à la Tour IV. Prend l'ascenseur B, familier.
Il a rendez-vous à 3 heures.
Il s'est bien préparé, ses crayons rangés.
Il sait qu'il dira 2 choses : le processus, le débouché.
C'est important le débouché, ça peut couler une boîte.
Ou pas.

A 1 heure il est déjà au 7$^{ème}$ étage,
Assis sur le canapé fauve au milieu des plantes vertes. Important. Dégagé. Il déroule dans sa tête le plan complet. Ca commence par l'entrée, ça finit

par la sortie. C'est un plan abouti avec des portes latérales. Enfin il entre.

La pièce est grande et froide.

Pas un papier, pas un désordre, puisque tout tient dans la machine. Au loin, bien calé sur son siège, The Boss. À l'infini, au mur, un carré blanc cerné de blanc. On le prie de s'installer en face sur le tabouret. Il pense que ça va être difficile de casser la glace. Il est à des années-lumière, il est une comète flippante, une comète en coton, comme ses jambes.

On ouvre la bouche.

On parle de devoir dégraisser, de racler à l'os, de survie générale et pas particulière. Il entend Radeau de la Méduse. Sa vue se brouille, il ferme les yeux en pensant à la Cause. Les rouvre. Il est chez le boucher. Il a devant lui une tête de veau toute blanche et bien rincée, avec une cocarde tricolore à la narine et un couteau pointu sur l'oreille. La tête se remet à parler. Il en sort des saucissons et du pâté.

Il est épouvanté et rattrape son attaché. Il sort comme un fou. Il ne pense plus à rien.

Dehors il pleut des chiens et des chats. Il a dû en écraser un, ça fait un drôle de bruit.
Il ne pense plus à rien, qu'au carré noir cerné de noir.

Alors il va s'en jeter un,
Dans la Seine.

## *Désespoir de cause*

J'ai rencontré un homme qui était sur le toit d'en face. Pieds nus dans le vide, il agitait un mouchoir à carreaux et j'ai pensé, oui vraiment, j'ai pensé qu'il allait sauter. D'ailleurs, que faisais-je moi-même sur le toit d'en face, armée de jumelles de combat ? Je me suis approchée doucement et on s'est regardés.

Halte, lui ai-je dit précipitamment, et à cet instant même, le présent seul comptait.

L'immeuble d'en face était dur et il écorchait le regard. Alors je lui ai tendu mes jumelles.

« Regarde sur la gauche cette femme qui tricotine sous l'abat-jour une écharpe sans fin. Regarde en dessous, il y a un poète et son monde lumineux et sombre. Et là, le rideau est tiré mais tu devines une très jeune fille qui attend. A droite au coin, regarde et entend l'homme en chemise à bras qui écoute du Mozart. Ne vois-tu pas plus loin le chien qui mange des spaghettis sur la table ? ».

Le monde glissait lentement et scintillait dans son armature. Il a jeté un œil. Mozart, il connaissait. Et puis, sa tati, elle aussi en son temps, lui avait tricoté de grands uniformes. Les jeunes filles étaient loin et oubliées, mais voilà, il avait faim. La poésie, non vraiment, pas son truc, il préférait « L'Equipe ».

Il avait faim et alors, chaque seconde a recommencé.

Il m'a dit : « Partons ensemble ». L'oiseau-lyre qu'on entendait au loin s'est posé. Le vent s'est levé. Il a remis ses chaussures et on a décollé jusque dans les étoiles.

### Deus ex machina

V'la ty pas qu'le Maurice
lui était venue l'idée
de démonter sa machine
pour z'y voir.

Deux roues
casse cou,
une chaîne
Germaine,
des rayons,
des boulons,
des vis
jaunisse,
la pédale
cérébrale,
et tout et tout
Bouh hou.

Et v'la ti pas que
cha-queu

Morceau, monceau
Par-le, ra-me
Cha-quin
pour lui, cui, cui.

Ca crie, charivari
Ca rue, tohubohu.

Et comment kys débrouille ?
ki bafouille.

Et vl'a t'y pas
ki lui vient dl'angoisse,
la poisse,
au bout des zoreilles,
z'embouteille.

L'angoisse, y sait pas
qu'en faire, l'enfer,
Ça s'accroche, anicroche.

Kèk cè-t-y kcès morceaux,
confondus, répandus ?
Kèk cè-t-y kcèt débandade,
bousculade ?

Cèt-y ça, la vie ?
refaite, mal faite ?

C'est puissant, c'est violent.
Ouh la la, vla-t-y pas, les zoreilles.

Et comment k'y s'en sort ?
Et comment k'y zi fait ?

Y's gratte
Y phosphate
Y surseoire
Y desespoire
Y pompature
Y ligature.

Y'll tient
son frein.

C'est déjà ça,
Y'll tient son frein.
V'la ty pas.
Ouh la la.

## L'improbable

Monsieur Creulavaison n'appartenait à personne et pouvait avoir entre trente et soixante ans.

Rencontré chez Germaine Laromaine, spécialisée en conception et développement de nouvelles variétés de salades à Précipitat, vous fûtes intrigué par son absence de caractéristiques et il vous vint l'idée première d'éplucher le Bottin pour voir. Des Creux de Haute-Provence, oui, des Lah de Cochinchine, à la pelle, des Crevaison, plus encore en Basse-Normandie, mais de Creulavaison, point. Pourtant c'était bien *Creulavaison* que vous pouviez lire sur la carte de visite qu'il vous avait remise de sa voix grave : « *Creulavaison, bassoniste à Vaison Laromaine* ».

L'idée deuxième fut de chercher l'absence de son nom dans les listes électorales. Vous cherchâtes longtemps en tout temps en tout lieu. Des Creux de Haute-Provence, oui, des Lah de Cochinchine, à la pelle, des Crevaison de Basse-Normandie, bien plus. Mais rien de rien pour Creulavaison, vous aviez bel et bien perdu sa trace, ce qui était somme toute réconfortant puisque vous aviez démontré par un plus deux et où et quand que Creucreu n'était qu'un rêve et que vous pouviez vous assoir dessus.

Lui, qui n'appartenait à personne, ce qui lui donnait une supériorité assumée, se sentait parfois un peu vide. Lui, de ce fait, n'avait jamais pu se marier et ça lui était bien égal parce qu'il aimait sa voiture, dont il dorlotait les flancs blancs. Lui, qui n'avait pas d'histoire, avait le songe creux, il lui arrivait parfois d'en creuver systémiquement. C'était bien accessoire du reste, puisque jamais non jamais il ne verrait son nom en l'état dans les listes d'Etat.

# *Sur un chemin de travers en plein désarroi*

Samedi 20 avril, à moins que ça n'ait été le 32
Deuxième d'une lignée

Au beau milieu de nulle part
Partant

Résolument irrésolu à la croisée
Zéro pointé en bandoulière

Arpentant le pavé
Vermoulé, moulu

Cherchant les réclamations
Pour le dire.

## *Mandarine*

Le déclic de l'orgue d'humeur réveilla Mandarine. En fanfare. Elle en avait déjà mal à la tête. Elle avait bien commencé, cependant, alanguie entre deux eaux, entre deux rivages.

L'humeur était insidieuse mais fracassante. Mandarine, c'est sûr, allait commencer sa journée du pied gauche. Elle entrevoyait déjà une matinée gâchée, un rendez-vous empêché, une douleur au pied, au pied gauche justement.

L'humeur montait en elle comme une vague mercuriale...

Elle décida d'être submersible. Elle prit son canotier, une rame, et partit à contre-courant. Elle sentit bien qu'elle arrivait au point. D'orgue. Que ce serait une bataille. Navale. Elle ne savait pas encore qui en sortirait vivant. Elle respira un bon coup. Ha.

Et se laissa couler.

L'humeur se rafraîchit sérieusement et commença à grelotter. L'orgue avait du plomb dans l'ouie. Alors elle remonta, victorieuse, apaisée. Sa journée ne serait pas si mauvaise, finalement.

Elle était sauvée.

## *Disorder*

Brick et Brooke roulaient depuis des heures dans leur guimbarde fatiguée. Ils avaient remonté la presqu'île au Nord de la gorge du Levant (34° N), descendu le ruisseau aux crocodiles à gauche de la plaine aux Loups (34° S), s'étaient retrouvés au milieu (0° NS) et avaient mordu la poussière. La boussole s'était affolée.

Devant eux, at last, l'Est, la forêt de l'Est. Moite. Prodigieuse.

À la machette, ils s'étaient frayé un chemin. Dissimulés derrière leurs chaussettes, ils n'avaient pas craint les scolopendres. Ils avaient bu une gorgée de gin pour se donner du courage. Sous leurs chapeaux d'explorateurs, leurs cervelles se ventilaient comme elles pouvaient.
Bloody heat.

Cela se passait dans ce décor-là. Dans ce clair-obscur. Cette maison complètement délabrée dans ce clair-obscur.

Chouette, avaient-ils hurlé en chœur, satisfaits qu'ils étaient d'avoir enfin trouvé la trace de la vie qu'ils pourraient, plus tard, quand revenus à leurs chères études, développer dans leur Dissertation Finale, Brick, docteur en Paléontologie, Brooke, professeur en Psychologie clinique appliquée.

Ils avaient franchi le seuil, enfin ce qui leur paraissait le seuil, puisque ne restait plus que le carreau cassé de la porte qui lévitait au vent. Un Ficus macrophylla avait poussé, ruinant tout sur son passage. Ses racines débordaient. En équilibre, une table. Ce qui restait d'une nappe à carreaux. Un pichet et le vin. Le voyaient rouge le vin, et profond. Une chaise renversée.

Cela se passait dans ce décor-là. La cuisine et la table. Chaque chose à sa place, à gauche l'Ouest, à droite l'Est, et le Nord au Nord et le Sud en bas. C'était des explorateurs, après tout.
Bloody day.

Elle avait lancé les mots. Ils roulaient, débordaient. Ephémères. Monstrueux. Les mots les enivraient, mon amour. Cela se passait au vent d'été. Dans ce décor-là.

En équilibre sur la table en équilibre, ce qui restait d'une boîte rouge et laquée, craquelée par le temps. La boîte avait la couleur de son cœur, en avait la brillance, en avait la certitude. Mais pourquoi croyait-elle, pourquoi était-elle si sûre, pourquoi ne pensait-elle pas que.

La boîte soudain déraisonnée au vent d'été. Et les mots n'importe où. Et le temps figé pour un temps.

Pour un temps seulement, son amour.

Puisqu'ils étaient bien là (5° E), Brick et Brooke, assis à terre, atterrés.
Bloody life.

*Révélateur le filtre de tes yeux profonds*
*Lumineux le prisme de tes yeux profonds*


Obturé à toute vitesse, j'étais avec mon réflex ce matin-là à l'angle. D'un click d'un flash d'un zoom, je prenais ta photo. L'appareil capturait l'image, la fabriquait, la renvoyait. C'était ineffablement magique, parce que ce je voyais, c'était l'ombre de ma vie, mais en filigrane, comme superposée, celle que tu projetais ailleurs. Il me semblait alors que je t'entraînais dans un voyage dont j'étais le maître mais dont tu étais l'inventeur. Je pouvais jouer avec le fond, qui avait ce pouvoir subjectif et mystérieux de brouiller la vue et de se noyer. Je pouvais mettre au point et dessiner de lumière le profil de ton visage. Tu semblais sortir du décor, j'en tremblais, et le fond à nouveau s'embuait. Dans l'objectif, il y avait mille possibles bien à moi, et tes mille interprétations bien à toi. Ainsi s'établissait un dialogue précieux, dérangeant et subtil entre toi et moi, entre moi et vous.

Incidemment, Focale était ton nom.

## *L'attrapalaveur*

Côté pile, je passe pour un intermittent de La Poste, j'ai fait mes preuves avec les cartes.

Les cartes, il y en a de toutes les couleurs. D'amours rouges. De noirs chagrins. De mauves, au soleil levant. De vertes odyssées. De turquoises aux confins du réel. Quelle sarabande dans les gros sacs de jute... Il y en a qui jouent, il y en a qui crient, il y en a qui rient.

Mais en réalité je suis, côté face, un attrapavaleur de cartes postales. J'en laisse parfois un sac entier dans ma voiture. J'en dépose parfois à voguer dans le caniveau. J'en jette parfois aux orties dans le ciel pour qu'elles pleuvent en technicolor. Ce n'est pas un crime, tout de même.

Je suis un attrapavaleur de cartes postales.

Tenez, l'autre jour, j'ai tout reporté au Centre, pour raison de crocodile sur la chaussée. La maréé-e chaussée-e a fait une enquête. Il s'agissait en fait d'un iguane tout bouleversé échappé d'un zoo. Ca m'a enlevé un poids. Et c'est le collègue qui a tout délivré. Ce n'est pas un crime, tout de même.

Si vous voulez m'écrire…

## *Sauvetage*

Je ne sais par quel hasard je me suis retrouvée dans le métro. Ca m'avait du reste posé un problème : qu'allais-je faire de mon cou ? Le plier en deux ? En quatre ? En accordéon ? Je me trouvais belle, toute tachetée de fauve et de brun. Je tranchais avec la foule grise. J'étais gracile et douce. D'en haut, je pouvais voir son béret. Il était rouge avec des étoiles. Que se cachait-il par derrière ? Par devant, elle avait l'air un peu triste et fatiguée.

J'appréhendais le monde des villes par le haut. J'étais entourée de taches surmontées de têtes, de toutes les sortes, de toutes les couleurs. Staccato du train en marche, andante des pensées de chacun. J'étais incapable de me fondre.

Elle. Elle a levé la tête et m'a regardée. Qu'avions-nous de si différent ? Pourtant, nous étions à des années lumières, elle tout en bas, moi si haut que j'en étais inaccessible. Coincée qu'elle était entre un afro paradisiaque, un bidochon ronchon, un chien d'aveugle et un sacré militaire. Ça manquait d'arbres à pain et de lumière. Ça ne sentait même pas très bon.

À la station Saint-Placide, il m'a semblé qu'elle pleurait. En descendant, elle s'est laissé glisser doucement le long du bord du train, là où le quai dessine une courbe. De là-haut, c'était comme si le noir l'avalait doucement un soir d'affluence, un soir où tout le monde est là sans que personne ne prenne garde, un soir où l'on peut très bien tomber au fond d'un trou.

Prise d'un mouvement brownien, la foule soudain s'est agitée. Prestissimo autour d'elle, comme une fourmilière sous la terre. De là haut, je l'ai regardée avec mes yeux si doux et je lui ai tiré la langue. Alors ça l'a fait rire, et tout d'un coup, tout s'est éclairé, et l'Africain paradisiaque lui a tendu la main, et le wagon entier en était tout secoué. Staccato des rires du train, allegro des pensées de chacun. On avait eu si peur...

Pour descendre, j'ai dû plier mon cou en deux, ou en quatre, ou en accordéon. Elle a posé sa tête tout contre, et du coup, on est parties. Dans mon salon, elle faisait tache, mais elle était lumineuse et tendre.

## Point de fuite

Elles étaient parties au matin, un matin froid qui dessinait sur les feuilles de petites rosaces de sucre de glace, qui faisait sortir de soi une buée chaude et rosir les joues.

– *C'est bon pour le teint, tu sais. À midi, je vais manger de la betterave. Non, de la carotte, j'aurai l'air d'une pêche ce soir.*
Pourquoi ça me revient en tête ? Pourquoi ça ne me lâche pas ?
– *Je sors ce soir. Avec mon héros ténébreux.*
Son zéro ténébreux.
– *Je serai belle à croquer, et juteuse à boire.*

Bang... Bang.

– *Tu sais, tu sais, je démarre « Comme j'aime » la semaine prochaine. C'est pour rentrer dans mon pantalon haricot vert à tube.*
... Eléphant à patte.

Savanes. L'horizon qui prend feu à perte de vue. Ciel de soufre. Gum trees qui claquent… Bang. Bang.
– *Ils m'annoncent 12 kilos en 3 mois. C'est la ligne qu'ils m'ont tracée.*

Elles marchent. Les oies sauvages piquent en V leur chemin dans le ciel. Lignes de force. Lignes de fuite.
– *Après, ils me feront un Retour sur EXpérience. Un REX comme ils disent. C'est du sérieux, tu vois. La reine, ça sera moi. Ce soir, demain, dans trois mois, dans un an. Pour mon amour de héros ténébreux.*

Son zéro ténébreux. My so beloved… Bang Bang.

– *Je m'habillerai de sequins.*
Bling Bling.

Elles marchent. Le soleil a fini par engloutir la nuit.
– *Je rêve déjà de chocolats… Et toi, tu préfères la ratatouille à l'eau ou la raie au beurre noir ?*
A ce stade du jour, noire la nuit. My so beloved child killed me.
– *Parce que, tu comprends, tu sais, voilà.*

Oui, voilà.

## *Réclamation*

Messieurs les administrés,

Je prends la plume pour vous signaler ce qui s'est passé à 16 heures hier matin au passage à niveau du sous-sol de La Garenne-Colombes.

Une dame à la moustache rousse, avec un chat funeste sur son chapeau a agressé avec son parapluie et en souriant à fendre l'âme un monsieur de 102 ans qui en paraissait mille. On a cru comprendre qu'il s'agissait d'une histoire de cœur. Le monsieur est monté sur ses grands chevaux, quand un train est arrivé, annulant toute tentative de conciliation. On les a retrouvés en marmelade, unis à jamais pour le meilleur et pour le pire. Le chat aussi.

Je m'étonne que l'on puisse si facilement perturber ainsi la circulation des trains, pertur-bation qui m'a fait arriver deux heures en avance à mon rendez-vous.

Espérant, Messieurs les administrés, que vous voudrez bien prendre en commisération ma demande de… de quoi s'agissait-il déjà ?

Et tenant compte du préjudice subi,
Je vous assure de ma considération la plus élevée.

## L'heure immobile

Tu me tues.
Je me noue.

Dehors, l'orphéon joue du piano.

L'ingénieur calcule l'énergie contractionnelle et la force coléribératrice dont il pourrait se servir pour alimenter la pompe.

Me tue, dira-t-elle dans un souffle.
Se noie, et il appellera la marine.

Pourquoi tant de conversagitations, demandera le passant.

Dehors, l'orphéon joue du piano.
Juste une ride au coin du lac.

Le philosophe rit et crie dans sa barbe.

# SOMMAIRE

## Portraits et paysages

## Paraphrénies et autres bizarreries

Achevé d'imprimer en septembre 2018
Pour le compte de Z4 Editions

www.ingramcontent.com/pod-product-compliance
Lightning Source LLC
LaVergne TN
LVHW011411080426
835511LV00005B/476